Susan Niessen

# Hilfe, ich bin ein Vampir!

Mit Bildern von Fréderic Bertrand

Ravensburger

Bibliografische Information der Deutschen Nationalbibliothek:

Die Deutsche Nationalbibliothek verzeichnet diese Publikation
in der Deutschen Nationalbibliografie.
Detaillierte bibliografische Daten sind im Internet
über http://dnb.d-nb.de abrufbar.

MIX
Papier | Fördert gute Waldnutzung
FSC® C111262

1 3 5 4 2

Ravensburger Leserabe

Umschlagbild: Fréderic Bertrand
Fachberatung: Dr. Birgitta Reddig-Korn
Printed in Germany
ISBN 978-3-473-46225-4

ravensburger.com
www.leserabe.de

## Inhalt

## Besuch in der Nacht

Mitten in der Nacht
wurde ich wach.
Ich wusste sofort,
dass etwas nicht stimmte.
Es war dunkel.
Das Fenster stand weit offen.
Draußen rauschte
der Wind in den Bäumen.

Und irgendetwas saß
auf meinem Bett.
Ich hielt die Luft an
und rührte mich nicht.
Mein Herz schlug wie wild.
Was sollte ich tun?
Mit einem Ruck
zog ich die Bettdecke
über meinen Kopf.
Das ist immer das Beste,
wenn nachts ETWAS
auf deinem Bett sitzt.

Das ETWAS
stieß ein wütendes Zischen aus
und sprang davon.
Ich hörte einen Knall.
Dann war es still.
Totenstill.
Ich rührte mich nicht.
Nichts geschah.
Ich hob ganz vorsichtig
die Bettdecke hoch,
streckte eine Hand heraus
und knipste das Licht an.

In meinem Zimmer
war nichts und niemand
zu sehen.
Nur das Fenster war jetzt zu.
Ich holte tief Luft.
In meinem Hals
saß ein dicker Kloß.
Ich schluckte,
aber er saß fest.

Und da juckte auch was.
Fühlte sich an wie ein Pickel.
Nein, zwei Pickel.
Komisch. Es blutete auch.
Und plötzlich wusste ich ganz genau,
was da auf meinem Bett
gesessen hatte.
Plötzlich dämmerte mir
die schreckliche Wahrheit:
Ein Vampir hatte mich gebissen!

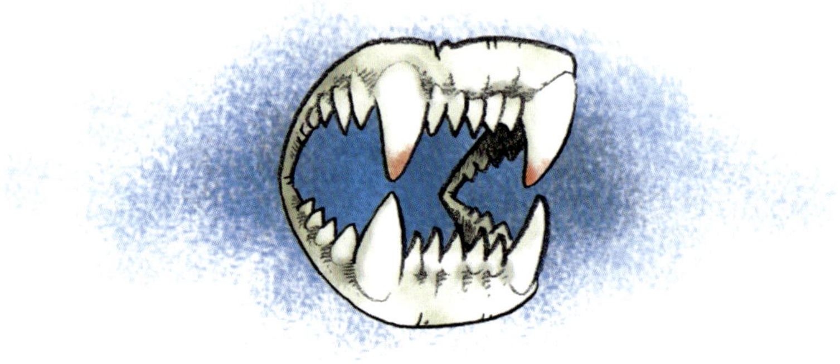

**Frage** Ein Vampir! Glaubst du das?
Was könnte es noch gewesen sein?

## Guter Rat

Ich sprang aus dem Bett
und rannte ins Bad.
Dort betrachtete ich
meinen Hals im Spiegel:
Kein Zweifel!
Da waren zwei rote Pusteln
direkt nebeneinander.
Und Spuren von Blut …

Mir wurden die Knie weich.
Hätte ich bloß auf Sanna gehört
und mein Fenster zugemacht!
Sanna ist meine Schwester.
Eigentlich ist sie ganz nett.
Aber sie hat einen Vampirtick.
Sie trägt schwarze Klamotten
und schminkt sich die Lippen blau.
Echt gruselig. Als wir gestern
in unserem Ferienhaus ankamen,
hat Sanna sofort gesagt,
dass es hier bestimmt Vampire gibt.

Das Haus liegt nämlich direkt
neben einem Friedhof.
So ein ganz alter,
mit Moos auf den Grabsteinen
und sogar einer richtigen Gruft.
Gruften sind Gräber,
die wie kleine Häuser sind.
Da gehen ganz viele Särge
auf einmal rein.
Vampire wohnen oft in Gruften,
weil sie gemütlicher sind
als einfache Gräber.
Sagt Sanna.

Sanna sagt auch,
dass moderne Vampire
ganz anders aussehen als früher.
Ganz normal eben.
Keine langen Umhänge und so.
Aber was passiert, wenn man
von einem Vampir gebissen wird?
Wird man bloß ausgesaugt
oder wird man selbst zum Vampir?
Und wie lange dauert es,
bis man sich verwandelt?
Das musste ich sie
unbedingt sofort fragen.

Sanna war nicht sehr erfreut,
mich mitten in der Nacht
zu sehen.
Vielleicht hatte ich sie
aus einem Vampirtraum geweckt
und der Vampir hatte gerade versucht
sie zu küssen.
„Lass sehen!“, knurrte sie
und untersuchte meinen Hals.
„Werde ich jetzt ein Vampir?“,
fragte ich ängstlich.

„Nicht unbedingt!“, sagte Sanna.
„Hast du mal in den Spiegel geguckt?“
„Wieso?“, fragte ich. „Habe ich etwa schon Reißzähne?“
Sanna kicherte. „Nein, du hast immer noch deine Zahnlücke!
Aber Vampire haben doch kein Spiegelbild!“
Ich rannte wieder ins Bad.
Aber mein Spiegelbild war zum Glück noch da.
Also war noch nicht alles verloren.

„Manchmal muss man auch
öfter gebissen werden,
bevor man sich verwandelt“,
sagte Sanna. „Am besten
legst du von jetzt an Knoblauch
auf dein Fensterbrett!“
Sie streichelte mir
über den Kopf und grinste.
„Aber eigentlich bin ich sicher,
dass du das alles
nur geträumt hast!“

Ein Traum?
Aber woher kommt dann das Blut?

Frage

## Frühstück der Vampire

„Du siehst blass aus, Benno!“,
sagte Mama beim Frühstück.
„Und warum trägst du
einen Schal?“
„Halsschmerzen“, krächzte ich.
Ich hatte die ganze Nacht
kein Auge mehr zugetan
und war hundemüde.

Aber immerhin
war ich bei Sonnenaufgang
nicht zu Staub zerfallen.
Papa blätterte im Reiseführer.
„Was haltet ihr von einem Ausflug
nach Schloss Schlotterfels?“
„Gibt es da Vampire?“, fragte Sanna.
Mama verdrehte die Augen.
„Was meinst du, Benno?“,
fragte sie.

Ich hatte andere Sorgen.
Ich brauchte dringend einen Sarg,
wenn ich als Vampir
überleben wollte.
„Haben wir eigentlich
eine Familiengruft?“, fragte ich.
Mama seufzte: „Möchtest du
jetzt etwa auch Vampir werden?“
Sanna kicherte.
„Bleibt mal ganz ruhig!
Man muss als Vampir nicht
in einem Grab leben!
Die meisten Vampire
haben kein Problem mit Tageslicht.
Sie kriegen nur leicht Sonnenbrand
und sind tagsüber müde.“

„Dann bin ich wohl
auch ein Vampir", sagte Papa
und legte den Reiseführer weg.
„Jetzt wird mir einiges klar!"
„Ich mache ein paar Brote für unterwegs",
sagte Mama. „Blutwurst für alle?"

Frage

Blutwurst! Hätte Mama
auch Knoblauch anbieten können?

# Schloss Schlotterfels

Schloss Schlotterfels lag
ganz oben auf einem Berg.
Als wir ankamen,
stand eine lange Schlange
vor der Kasse.
„Hier gibt es sogar
eine Ausstellung über Vampire!“,
stellte Sanna fest.
Sie zwinkerte mir zu
und flüsterte:
„Da kriegst du vielleicht
einen guten Tipp!“

„Die Ausstellung kostet extra!“,
sagte Papa. „Wollt ihr rein?“
„Ja!“, riefen Sanna und ich
gleichzeitig.
„Blöde Frage!“
Die Ausstellung war
im Keller des Schlosses.
Wir stiegen
eine Steintreppe nach unten.
Die Stufen waren ganz schief
und es roch feucht und modrig.

Dann kamen wir
in ein großes Gewölbe.
Spinnweben hingen
in den Ecken
und von der Decke baumelten
sogar ein paar Fledermäuse.
Links und rechts standen
sechs offene Särge.
Mir blieb fast das Herz stehen.
Es lagen Menschen drin!
Eine Frau und drei Kinder.
Sie hatten die Augen geschlossen.

„Sind die echt?“, flüsterte ich.
„Das sind Wachsfiguren,
du Spinner!“, sagte Sanna.
Aber sie sahen trotzdem
sehr echt aus, fand ich.
Ein Sarg war leer.
Und daneben stand – ein Vampir!
Er war sehr blass.
Seine Augen waren ganz rot
und sein Mund war aufgerissen,
sodass man seine spitzen Zähne
sehen konnte.

An der Wand hing eine Tafel
mit Erklärungen.
„Freiherr Franz von Schlotterfels
und seine Familie“, las Papa vor,
„versetzten jahrelang
als Vampire das ganze Dorf
in Angst und Schrecken,
bis sie eines Tages
nach einem Brand
spurlos verschwanden.“
Jetzt sind sie zurückgekommen,
dachte ich beklommen.
Und ausgerechnet mich
beißen sie zuerst!

Mir wurde ganz schlecht
vor Angst.
Schnell ging ich
in den nächsten Raum.
Hier standen große Glaskästen
und an den Wänden hingen Fotos
und Bilder mit Texten.
„Wie erkennt man einen Vampir?“,
las ich auf einem Schild.
„Wie wehrt man Vampire ab?“,
stand auf einem anderen.

Ich begann zu lesen,
aber plötzlich kam Sanna an
und zog mich in eine Ecke.
„Da!“, sagte sie aufgeregt
und zeigte auf ein Bild.
Darauf sah man eine Frau
auf einem Bett liegen
und durch das offene Fenster
stieg gerade ein Vampir ein.
Aber hinter den Vorhängen
standen zwei Männer
und lauerten ihm auf.
Unter dem Bild stand:
„Die Vampirfalle“.

„Ja und?“, fragte ich.
Sanna schnalzte ungeduldig
mit der Zunge.
„Ist doch klar, Mensch!“,
sagte sie.
„Wenn dein Vampir
wirklich ein Vampir ist,
dann kommt er bestimmt wieder!
Heute Nacht bleiben wir wach
und stellen ihm eine Falle!“

Frage

Eine Falle! Wie würdest du dem Vampir
eine Falle stellen?

## Die Vampirfalle

Also, ich hielt von dieser Idee überhaupt nichts.
Auf gar keinen Fall wollte ich noch einmal gebissen werden.

Und wenn der Vampir
tatsächlich wiederkam,
was sollten wir dann
mit ihm machen?
Ihn mit Knoblauch bewerfen?
Wir konnten doch nicht gegen
einen echten Vampir kämpfen!
Er war bestimmt
viel stärker als wir.

Aber da war nichts zu machen.
Sanna wollte unbedingt
einen echten Vampir
kennenlernen!
Vorsichtshalber
bewaffneten wir uns
mit Knoblauch und
einer Taschenlampe.

Eine echte Fackel wäre
natürlich besser gewesen.
Auch ein silbernes Kreuz
hatten wir nicht.
Aber im Wohnzimmer
hing ein Holzkreuz über der Tür,
das musste reichen.

„Und wie locken wir ihn an?“,
fragte ich. „Mit dir?“
„Mit Blut!“, antwortete Sanna.
„Nicht mit meinem!“,
sagte ich entschieden.

Aber Sanna hatte alles im Griff.
Auf einem Teller brachte sie
drei kleine Stücke Fleisch.
Sie sahen ziemlich blutig aus.
Ich starrte sie entgeistert an.
„Abendessen für morgen!“,
grinste Sanna.
„Das stellen wir aufs Fensterbrett.“
Dann warteten wir.

Ich wartete im Bett,
Sanna wartete
hinter dem Vorhang.
Das Fenster war weit offen.
Draußen rauschte
der Wind in den Bäumen.
Ein Käuzchen schrie.
Ich wäre jetzt wirklich gerne
ganz woanders gewesen.
Zu Hause in der Stadt,
fern von Freiherr von Schlotterfels.
Aber jetzt konnte ich
nicht mehr zurück!

Dann wurde ich müde.
Aber gerade,
als mir die Augen zufielen,
hörte ich vor dem Fenster
einen seltsamen Schrei
und dann ein Fauchen.
Mir blieb fast das Herz stehen.
War das der Vampir?
Waren es etwa zwei?
Dann hörte ich ein Kratzen
an der Hauswand.
Oh nein!
Jetzt kletterte der Vampir
die Wand hoch!

Ich versteckte mich
unter der Bettdecke,
obwohl ich Sanna
versprochen hatte,
es nicht zu tun.
Gerade wollte ich
vor Angst sterben,
da fing Sanna an zu reden.
„Na, Kleiner, wer bist denn du?“,
flötete sie. „Hast du Hunger?“

**Frage** Hunger! Wer könnte noch aus Hunger die Wand hochklettern?

Warum sprach Sanna denn
in der Babysprache
mit dem Vampir?
„Kannst rauskommen, Benno!“,
sagte Sanna jetzt
mit ihrer normalen Stimme.

Vorsichtig steckte ich
den Kopf aus dem Bett.
Sanna stand am Fenster
und streichelte einen Kater,
der auf dem Fensterbrett saß
und fraß.
„Hier hast du deinen Vampir!“,
grinste Sanna.
„Der Arme steigt vor lauter Hunger
schon in fremde Zimmer ein!“

Sie drehte sich zu mir um
und zeigte auf meinen Hals.
„Und wag es bloß nicht,
mich noch mal
wegen Mückenstichen am Hals
mitten in der Nacht zu wecken!“

Leserabe

# Leserätsel

Rätsel 1

## Viel zu viele Buchstaben!

Streiche die Buchstaben, die zu viel sind.

**Knibobalauch**

**Vimampoir**

**Bliutwiurost**

Rätsel 2

## Wörter ohne Grenzen

Wie viele Wörter aus der Geschichte findest du?

**VAMPIRGRUFTSARGUMHANGBLUT**

**HALSBLUTPUSTELNBADMÜCKENSTICH**

**Lösungen**
**Rätsel 1:** Übrig bleiben Knoblauch, Vampir, Blutwurst,
**Rätsel 2:** Vampir, Gruft, Sarg, Umhang, Blut, Hals, Blut, Pusteln, Bad, Mückenstich

## Wörter im Versteck

Rätsel 3

Insgesamt sind sechs Wörter versteckt.
Kreise sie ein.

| | | | | | |
|---|---|---|---|---|---|
| B | L | U | T | Z | A |
| E | C | P | H | Ä | G |
| T | G | M | I | H | R |
| T | O | A | J | N | U |
| F | K | M | D | E | F |
| B | N | A | C | H | T |

## Für Vampir-Experten

Rätsel 4

Wer kennt sich aus mit Vampiren?

Vampire mögen die ________ und hassen das ____________. Sie lieben ________! Der Geruch von ____________ dagegen macht sie ganz krank.

**Lösungen**
**Rätsel 3:** Blut, Zähne, Gruft, Nacht, Bett, Mama,
**Rätsel 4:** Nacht, Tageslicht, Blut, Knoblauch

# Leserabe Rabenpost

Rätsel 5

## Rätsel für die Rabenpost

Was stimmt? Ersetze die richtige Zahl durch den passenden Buchstaben. Dann erhältst du das Lösungswort.

| | Ja | Nein |
|---|---|---|
| In Bennos Zimmer ist ein Vampir. | 15 | 7 |
| Sanna hat einen Vampirtick. | 18 | 20 |
| Papa ist ein Vampir. | 14 | 21 |
| Mama glaubt nicht an Vampire. | 6 | 15 |
| Manche Mücken sind Blutsauger. | 20 | 22 |

| | | | | | | | | |
|---|---|---|---|---|---|---|---|---|
| A 1 | B 2 | C 3 | D 4 | E 5 | F 6 | G 7 | H 8 | I 9 |
| J 10 | K 11 | L 12 | M 13 | N 14 | O 15 | P 16 | Q 17 | R 18 |
| S 19 | T 20 | U 21 | V 22 | W 23 | X 24 | Y 25 | Z 26 | |

## Lösungswort

Hast du das Lösungswort herausgefunden?
Dann kannst du jetzt tolle Preise gewinnen.

Gib das Lösungswort auf der Leserabe-Website ein oder schick es mit der Post an folgende Adresse:

An den Leseraben
Rabenpost
Postfach 2007
88190 Ravensburg
Deutschland

* Wir verwenden die Daten der Einsender nur für das Gewinnspiel und nicht für weitere Zwecke. Alle weiteren Informationen zum Datenschutz und über unser Gewinnspiel findet ihr unter **www.leserabe.de.**

# Leserabe

## Lesen lernen wie im Flug!

**In drei Stufen vom Lesestarter zum Leseprofi**

### Vor-Lesestufe
Ab Vorschule

ISBN 978-3-473-46022-9

ISBN 978-3-473-46023-6

ISBN 978-3-473-46024-3

### 1. Lesestufe
Ab 1. Klasse

ISBN 978-3-473-46025-0

ISBN 978-3-473-46026-7

ISBN 978-3-473-46027-4

### 2. Lesestufe
Ab 2. Klasse

ISBN 978-3-473-46028-1

ISBN 978-3-473-46029-8

ISBN 978-3-473-46066-3

ERZ 21 003